le petit arbre

Titre original de l'ouvrage: "la vida sobre la tierra"

I.S.B.N. 2-04-016755-2
Dépôt légal: Novembre 1987

Imprimé en Espagne par
CAYFOSA, Sta. Perpètua de Mogoda
Barcelona, en novembre 1987
Dépôt légal: B-40.997-87
Numéro d'Éditeur: 785

la bibliothèque des tout-petits

María Rius
Josep Mª Parramón

le petit arbre

Bordas

Il était une fois un tout petit arbre.

Le petit arbre poussait
en appartement dans un pot de terre.
Il n'avait pas beaucoup de lumière.
Il était triste.

Le jour de la fête de l'Arbre arriva.
Les enfants qui avaient soigné
le petit arbre allèrent dans la forêt
avec leurs camarades d'école
et leur maître.

Ils y plantèrent le petit arbre.

C'était une très grande forêt
avec des arbres géants.
Le petit arbre avait peur.

«Peur ?… et de quoi ?» demanda
un gros arbre près de lui.
«La forêt est un monde
merveilleux !
Je vais te raconter son histoire.

Regarde le soleil.
Tout commence avec lui.
Il nous donne la vie.
C'est grâce à sa lumière
que vivent les plantes, l'herbe,
les fleurs et les arbres.

Tu vois ce lierre dont les feuilles se tournent vers le soleil ?

Cette herbe, ces plantes...
permettent à des centaines
d'animaux de se nourrir...
Regarde l'écureuil qui mange
un gland sur la branche du chêne.

Dans la forêt il y a aussi des animaux qui en mangent d'autres. Parfois des ours ou des loups...

…et aussi des centaines d'oiseaux.
La mésange ou le pigeon ramier
vivent au sommet des arbres;
le rossignol, la corneille,
le rouge-gorge, le pivert
préfèrent les sous-bois.

Les insectes sont encore
plus nombreux.
Regarde plus bas les scarabées,
les papillons, les araignées,
les abeilles, les libellules,
les chenilles...

…et plus bas encore,
le sol de la forêt.
Cet humus qui te paraît inhabité
grouille de vie :
animaux microscopiques
et matières organiques
qui nourrissent plantes, arbustes…
et arbres.

Te souviens-tu des enfants
qui t'ont planté dans cette forêt ?
Ils viennent souvent s'y promener.
Ils ont tant de choses à y apprendre.»

la bibliothèque des tout-petits

les quatre saisons

Asun Balzola
Josep Mª Parramón
le printemps
Bordas

Carme Solé Vendrell
Josep Mª Parramón
l'été
Bordas

Ulises Wensel
Josep Mª Parramón
l'automne
Bordas

Carme Solé Vendrell
Josep Mª Parramón
l'hiver
Bordas

les cinq sens

Maria Rius
J.M. Parramón, J.J. Puig
la vue
Bordas

Maria Rius
J.M. Parramón, J.J. Puig
l'ouïe
Bordas

Maria Rius
J.M. Parramón, J.J. Puig
l'odorat
Bordas

Maria Rius
J.M. Parramón, J.J. Puig
le goût
Bordas

Maria Rius
J.M. Parramón, J.J. Puig
le toucher
Bordas

la bibliothèque des tout-petits

les quatre éléments

Carme Solé Vendrell
Josep Mª Parramón
la terre
Bordas

Maria Rius
Josep Mª Parramón
le feu
Bordas

Maria Rius
Josep Mª Parramón
l'air
Bordas

Carme Solé Vendrell
Josep Mª Parramón
l'eau
Bordas

les quatre âges de la vie

la bibliothèque des tout-petits
Maria Rius
Josep Mª Parramón
les enfants
Bordas

la bibliothèque des tout-petits
Carme Solé Vendrell
Josep Mª Parramón
les jeunes
Bordas

la bibliothèque des tout-petits
Carme Solé Vendrell
Josep Mª Parramón
les parents
Bordas

la bibliothèque des tout-petits
Maria Rius
Josep Mª Parramón
les grands-parents
Bordas

un jour...

la bibliothèque des tout-petits
Maria Rius
Josep Mª Parramón
la ville
Bordas

la bibliothèque des tout-petits
Maria Rius
Josep Mª Parramón
la montagne
Bordas

la bibliothèque des tout-petits
Carme Solé Vendrell
Josep Mª Parramón
la campagne
Bordas

la bibliothèque des tout-petits
Maria Rius
Josep Mª Parramón
la mer
Bordas

la bibliothèque des tout-petits

raconte-moi...

la bibliothèque des tout-petits
le petit lapin
Bordas

la bibliothèque des tout-petits
le petit oiseau
Bordas

la bibliothèque des tout-petits
le petit arbre
Bordas

la bibliothèque des tout-petits
le petit poisson
Bordas

je voyage...

la bibliothèque des tout-petits
Montserrat Viza
Francesc Rovira
en voiture
Bordas

la bibliothèque des tout-petits
Montserrat Viza
Jose Mª Lavarello
en avion
Bordas

la bibliothèque des tout-petits
Montserrat Viza
Jose Mª Lavarello
en bateau
Bordas

la bibliothèque des tout-petits
Montserrat Viza
Francesc Rovira
en train
Bordas

les quatre moments du jour

la bibliothèque des tout-petits
Montserrat Viza · Irene Bordoy
le matin
Bordas

la bibliothèque des tout-petits
Montserrat Viza · Irene Bordoy
l'après-midi
Bordas

la bibliothèque des tout-petits
Montserrat Viza · Irene Bordoy
le soir
Bordas

la bibliothèque des tout-petits
Montserrat Viza · Irene Bordoy
la nuit
Bordas